RECUEIL

DES

PRINCIPAUX DÉCRETS

DU GOUVERNEMENT DE LA DÉFENSE NATIONALE

SUIVI DE

LA LÉGISLATION SUR LES INDEMNITÉS POUR DOMMAGES

CAUSÉS PAR LA GUERRE

PAR O. MARAIS

AVOCAT

ROUEN

IMPRIMERIE DE D. BRIÈRE ET FILS

RUE SAINT-LO, N° 7

1871

AVERTISSEMENT.

Nous avons pensé qu'un Recueil qui comprendrait les principaux Décrets rendus par le Gouvernement de la Défense nationale, pendant la période dictatoriale, serait de quelque utilité pour le public. En effet, tous ces Décrets ont été publiés d'abord par le *Journal Officiel*, puis par le *Bulletin de la République française* et par le *Moniteur Universel*, devenu le journal officiel de la Délégation de Tours. Mais, d'une part, l'investissement de Paris, d'autre part, l'occupation ennemie, qui s'est étendue sur une grande partie de la France, ont été de puissants obstacles à la publicité de ces Décrets; et à Rouen particulièrement, aucune bibliothèque publique ou privée ne possède à la fois, dans son entier, la triple collection des journaux que nous avons énumérés. Il en résulte que la recherche et l'étude des documents législatifs, émanés des pouvoirs qui gouvernaient alors la France, sont rendues à peu près impossibles.

Ce Recueil doit, dans notre pensée, faire disparaître un inconvénient dont chaque jour, au Palais, on peut constater la gravité.

Il ne pouvait entrer dans notre plan de reproduire soit les Décrets politiques, soit les Décrets spéciaux à la guerre, soit enfin les documents qui avaient pour objet des dispositions transitoires; nous nous sommes simplement attaché à publier les actes dont les effets juridiques se font encore sentir aujourd'hui, dans la pratique journalière des affaires.

Afin d'atteindre complétement le résultat que nous poursuivions, nous avons dû commencer notre travail à la loi du 13 août 1870 sur les effets de commerce, et le terminer par celle votée sur le même sujet, le 10 mars 1871.

Tels sont l'ensemble et le but de cette compilation, qui n'a d'autre mérite que son utilité.

LOIS ET DÉCRETS

§ Ier.

Effets de commerce.

13 AOUT 1870. — **Loi relative aux échéances des effets de commerce.** (*Journal officiel* du 14 août.)

Art. 1er. — Les délais dans lesquels doivent être faits les protêts, et tous actes conservant les recours pour toute valeur négociable souscrite avant la promulgation de la présente loi, sont prorogés d'un mois.

Le remboursement ne pourra être demandé aux endosseurs et aux autres obligés pendant le même délai.

Les intérêts seront dus depuis l'échéance jusqu'au paiement.

Art. 2. — Aucune poursuite ne pourra être exercée pendant la durée de la guerre contre les citoyens appelés au service militaire, en vertu de l'article 2 de la loi du 11 août 1870, et les gardes mobiles présents sous les drapeaux.

11 SEPTEMBRE 1870. — **Décret du Gouvernement de la Défense nationale relatif aux échéances des effets de commerce.** (*Journal officiel* du 11 septembre.)

Art. 1er. — La prorogation de délais accordée par la loi du 13 août dernier, relative aux effets de commerce, est augmentée de trente jours, à compter du 14 octobre courant.

Art. 2. — Toutes les autres dispositions de la loi du 13 août sont maintenues.

11 OCTOBRE 1870. — **Décret du Gouvernement de la Défense nationale.** (*Bulletin de la République française* du 21 octobre.)

Art. 1er. — La prorogation des délais accordés par la loi du 13 août et le décret du 10 septembre 1870, relatifs aux effets de commerce, est augmentée d'un mois, à compter du 14 octobre courant (1).

Cette disposition est applicable même aux valeurs souscrites postérieurement à la loi et au décret susvisés.

Art. 2. — Toutes les autres dispositions de la loi du 13 août 1870 sont maintenues.

13 OCTOBRE 1870. — **Décret du Gouvernement de la Défense nationale de Paris.** (*Journal officiel* du 14 octobre. — *Nouvelliste de Rouen* du 16 octobre.)

Art. 1er. — Tous actes de protêt et dénonciation de protêt pourront être faits, à dater du présent décret, pour les effets de commerce dont l'échéance avait été prorogée sur l'assignation de paiement.

. . . .

Art. 4. — Aucun protêt ni acte quelconque de poursuite ne peut être fait contre les défenseurs de la patrie pendant la durée de la guerre (2).

---

(1) On remarquera que le décret du 11 septembre 1870 avait prononcé une prorogation de *trente jours*, tandis que celui du 11 octobre augmente les délais de protêt *d'un mois*. La supputation des délais devait donc se faire d'une manière différente ; c'est-à-dire par *jours* dans le premier cas, et de *quantième à quantième* dans le second.

(2) Les trois décrets précédents du gouvernement de Paris sont les seuls sur la matière qui aient été connus en province et publiés dans le *Moniteur universel*. (Voir le décret du 11 novembre 1870, page 16.)

3 OCTOBRE 1870. — **Décret de la Délégation de Tours.** (*Nouvelliste de Rouen* du 8 octobre.)

Les prorogations de délais, accordées par l'article 1er de la loi du 13 août 1870 et par le décret du 10 septembre 1870, ne seront pas applicables aux effets de commerce qui seront créés postérieurement au 14 octobre courant (1).

5 NOVEMBRE 1870. — **Décret de la Délégation de Tours.** (*Bulletin officiel de la République française* du 11 novembre.)

Art. 1er. — Les effets de commerce qui ont donné lieu à la loi du 14 août et aux décrets du 10 septembre, du 11 octobre et du 13 octobre 1870, seront désormais, comme tous effets de commerce qui seront souscrits à l'avenir, soumis aux protêts, dénonciations et poursuites, dans les délais déterminés par le Code de commerce.

Art. 2. — Pour bien fixer les époques où les paiements des effets souscrits jusqu'au 15 octobre dernier pourront être exigés, et pour interpréter, au besoin, la loi et les décrets sus-énoncés, il est décrété que tous les effets, quelle que soit l'époque de leur création depuis le 15 août, ne seront exigibles qu'après trois mois, soit quatre-vingt-dix jours, à compter du jour de leur échéance.

Art. 3. — Exceptionnellement et par dérogation aux dispositions du Code de commerce, le protêt à défaut de paiement aux jours indiqués par l'article 2 pour l'exi-

(1) Ce décret est en contradiction avec celui qui, rendu le 11 septembre 1870 par le gouvernement de Paris, fut publié dans le *Bulletin de la République française* du 21 octobre. Son effet légal doit donc être restreint à l'espace de temps qui s'est écoulé entre le 14 et le 21 octobre, c'est-à-dire à des effets tirés, après le 14 octobre, à 2, 3, 4 ou 5 jours de date.

gibilité pourra être fait pendant cinq jours, à compter du jour de l'exigibilité. Les délais de dénonciation, de protêt et d'assignation, ne courront qu'à compter de ce cinquième jour, même si le protêt a lieu avant le cinquième jour.

Art. 4. — Pour tous les effets échus ou à échoir jusqu'au 30 novembre prochain, les protêts, dénonciations, actes d'assignation et jugements de condamnation seront enregistrés gratis (1).

. . . .

Art. 6. — Les dispositions ci-dessus ne sont pas applicables aux départements envahis, même en partie. Dans ces départements, les échéances sont prorogées de droit. — Tous les actes de protêt, de dénonciation, de poursuite quelconque, sont interdits. La loi commerciale n'y reprendra son cours qu'un mois après la cessation de la guerre ou l'abandon par l'ennemi du territoire occupé (2).

14 NOVEMBRE 1870. — **Décret de la Délégation de Tours sur les échéances des effets de commerce.** (*Bulletin officiel de la République française* du 16 novembre.)

Considérant que les effets de commerce souscrits avant la guerre, à la différence des effets souscrits après la guerre déclarée, l'ont été dans l'ignorance d'un événement inattendu, qui a jeté tout-à-coup la perturbation dans le commerce et rendu, sinon impossibles, du moins très difficiles les moyens de libération,

Décrète :

Art. 1er. — Jusqu'au 15 décembre prochain, aucun

---

(1) Voir le décret suivant.

(2) La guerre n'a pris fin légalement que par la ratification des préliminaires de paix convenus entre le chef du pouvoir exécutif français et la puissance ennemie. Cette ratification a eu lieu le 2 mars : elle a été dénoncée le 3.

protêt ne pourra être fait, aucune poursuite exercée pour les effets de commerce souscrits avant le 15 août dernier.

Art. 2. — Tous les effets de commerce souscrits postérieurement au 15 août dernier demeurent soumis au décret du 5 novembre, dont toutes les dispositions non contraires à l'article 1er sont maintenues.

8 JANVIER 1871.— **Décret de la Délégation de Tours.** (*Moniteur officiel* du 10 janvier.)

Considérant que les lois et décrets des 13 août, 10 septembre, 11 et 13 octobre, 5 et 14 novembre et 9 décembre 1870 (1), ayant successivement prorogé l'échéance des effets de commerce, il importe de faire cesser toute incertitude sur l'interprétation des dispositions susvisées, et de préciser celles de ces dispositions qui sont applicables aux diverses catégories d'effets, suivant l'époque de leur création,

Décrètent :

Art. 1er. — L'échéance des effets de commerce souscrits antérieurement au 15 août 1870 demeure prorogée de cinq mois.

Celle des effets souscrits depuis le 15 août jusqu'au 14 octobre 1870 inclusivement demeure prorogée de trois mois. Néanmoins, si, parmi les derniers effets, il en est dont les échéances prorogées de trois mois sont antérieures au 15 janvier courant, ces échéances sont prorogées jusqu'au dit jour 15 janvier.

Les effets souscrits depuis le 14 octobre restent soumis aux dispositions du Code de commerce.

Art. 2. — Les prorogations spécifiées aux paragraphes 1 et 2 de l'article précédent sont calculées de date à date.

---

(1) Malgré nos recherches, nous n'avons pas trouvé dans le *Moniteur officiel* le texte de ce décret.

Art. 3. — Jusqu'au 15 avril prochain, le délai du protêt, fixé à vingt-quatre heures par l'article 162 du Code de commerce, est porté à dix jours à partir du jour de l'échéance, ainsi qu'elle est déterminée par l'article 1er du présent décret.

Art. 4. — Jusqu'à la fin de la guerre, il ne pourra, à la suite du protêt, être exercé aucune poursuite contre les souscripteurs, accepteurs et endosseurs des effets de commerce créés antérieurement au 15 août 1870.

Art. 5. — Toutes poursuites sont également suspendues jusqu'à la fin de la guerre contre tous souscripteurs, accepteurs et endosseurs d'effets de commerce qui sont ou seront sous les drapeaux, quelle que soit d'ailleurs l'époque à laquelle ces effets auront été créés.

Art. 6. — Les dispositions de l'article 6 du décret du 5 novembre 1870, relatives aux départements envahis, même en partie, sont maintenues.

. . . .

10 MARS 1871. — **Loi sur la prorogation des échéances des effets de commerce.**

Art. 1er. — Les effets de commerce souscrits avant ou après la loi du 13 août et venant à échéance après le 12 avril prochain ne jouiront d'aucune prorogation de délai, et seront exigibles suivant les règles du droit commun.

Art. 2. — Tous les effets de commerce échus du 13 août au 12 novembre 1870 seront exigibles sept mois, date pour date, après l'échéance inscrite aux lettres, avec les intérêts depuis le jour de cette échéance. Les effets échus du 13 novembre 1870 au 12 avril prochain seront exigibles, date pour date, du

13 juin au 12 juillet, avec les intérêts depuis le jour de la première échéance.

Ne seront pas admis à jouir du bénéfice des prorogations tous effets créés postérieurement au 9 février. Ces dispositions sont applicables aux effets qui auraient été protestés. En cas de nouveau protêt, ce refus de paiement sera constaté par une mention inscrite par l'officier ministériel sur le premier. L'enregistrement se fera exceptionnellement gratis ; si les premiers protêts ont été suivis de jugement, il sera sursis à l'exécution jusqu'à l'expiration des nouveaux délais de prorogation.

Art. 3. — Par dérogation à l'article 162 du Code de commerce, le délai accordé au porteur pour faire constater par un protêt le refus de paiement sera de dix jours. Les délais de dénonciation et de poursuites fixés par la loi courront du jour du protêt.

Art. 4. — Les porteurs de traites ou lettres de change tirées à vue, soit à un ou plusieurs jours, mois ou usances de vue, qui, depuis le 13 août 1870, ne les auraient pas présentées en temps et lieu voulus, sont relevés de la déchéance prononcée par l'article 160 du Code de commerce, à la charge d'exiger le paiement ou l'acceptation desdits effets dans le mois qui suivra la promulgation de la présente loi, augmenté du délai légal des distances.

Art. 5. — Dans les départements occupés en tout ou en partie par les troupes étrangères, conformément à l'article 3 du traité du 26 février, les Tribunaux de commerce pourront, pendant le cours de l'année 1871, accorder des délais modérés pour le paiement des effets de commerce, conformément à l'article 1244, § 2, du Code civil.

Les mêmes délais pourront être accordés par les Tribunaux de commerce de toute la France aux souscripteurs d'effets qui, retenus hors de chez eux pour le service de l'armée régulière et de l'armée auxiliaire, seraient momentanément dans l'impossibilité de payer.

Art. 6. — Toutes dispositions contraires aux présentes, contenues dans d'autres lois ou décrets, sont et demeurent abrogées.

§ II.

Prescriptions, Péremptions, Suspensions de poursuites.

7 SEPTEMBRE 1870. — **Décret du Gouvernement de la Défense nationale.** (*Journal officiel* du 8 septembre.)

L'article 1244 du Code civil, § 2, est applicable, pendant la durée de la guerre, à toute contestation entre locataires et propriétaires relative au paiement des loyers et aux poursuites ou exécutions en toute matière. Les Tribunaux peuvent, selon les circonstances, accorder délai, suspendre toute exécution ou poursuite. En cas d'urgence, le président du Tribunal statue par ordonnance de référé executoire, nonobstant appel.

9 SEPTEMBRE 1870. — **Décret du Gouvernement de la Défense nationale.** (*Journal officiel* du 10 septembre.)

Art. 1er. — Toutes prescriptions et péremptions en matière civile (1), tous les délais impartis pour attaquer ou signifier les décisions des Tribunaux judiciaires ou administratifs sont suspendus pendant la durée de la guerre :

---

(1) Ce décret n'est donc pas applicable aux matières criminelles.

1° Au profit de ceux qui résident dans un département investi ou occupé par l'ennemi, alors même que l'occupation ne s'étendrait pas à tout le département;

2° Au profit de ceux dont l'action doit être exercée, dans ce même département, contre des personnes qui y résident.

Art. 2. — A dater de la cessation de l'occupation, ce nouveau délai, égal au délai ordinaire, courra au profit des personnes qui se trouveront dans le cas de l'article précédent.

3 octobre 1870. — **Décret du Gouvernement de la Défense nationale siégeant à Paris.** (*Moniteur officiel* du 10 janvier.)

Considérant que la prolongation de la guerre rend nécessaire l'extension des dispositions du décret du 9 septembre 1870, relatif aux prescriptions et aux péremptions en matière civile;

Considérant, en outre, que des doutes se sont élevés sur la portée de ces dispositions, et qu'il importe, en conséquence, d'interpréter et de compléter ledit décret,

Décrète :

Art. 1er. — La suspension des prescriptions et péremptions en matière civile, pendant la durée de la guerre, s'applique aux inscriptions hypothécaires, à leur renouvellement, aux transcriptions et généralement à tous les actes qui, d'après la loi, doivent être accomplis dans un délai déterminé.

Art. 2. — La prorogation de délai dont il est parlé dans l'article 2 du même décret ne s'applique qu'aux différents actes de recours devant les Tribunaux judiciaires ou administratifs.

Quant aux autres actes, il est accordé, à dater de la

cessation de la guerre, un délai égal à celui qui restait à courir au moment où elle a été déclarée.

Art. 3. — Le présent décret est étendu à tous les départements de la France, ainsi qu'à l'Algérie et aux colonies, mais seulement pour les actes qui doivent être faits en France et réciproquement.

2 NOVEMBRE 1870. — **Décret de la Délégation de Tours.** (*Moniteur officiel* du 3 novembre. — *Nouvelliste de Rouen* du 5 novembre.)

Considérant que le gouvernement doit venir en aide aux souffrances de la propriété immobilière et aux immenses difficultés que les circonstances opposent à la libération des débiteurs par hypothèques; qu'il y a justice et nécessité à surseoir à toutes ventes judiciaires, soit qu'elles soient poursuivies par un créancier, soit que la loi elle-même les ait prescrites, si, dans ces derniers cas, une partie intéressée y forme opposition,

Décrète :

Art. 1er. — A compter du jour de la promulgation du présent décret, il sera provisoirement sursis (1) à toutes procédures de saisie immobilière et de folle-enchère, même à celles qui sont actuellement en cours, la procédure de surenchère commencée pouvant néanmoins être conduite à fin.

Art. 2. — Les délais impartis au titre XII, liv. 5, 1re partie du Code de procédure civile, pour remplir les différentes formalités de la procédure de saisie immobilière, sont, en conséquence, suspendus sans qu'il soit besoin d'aucun jugement.

---

(1) Il est à remarquer qu'à la différence des dispositions analogues contenues dans d'autres décrets, le décret du 2 novembre n'indique pas l'époque à partir de laquelle les procédures devront être reprises.

Art. 3. — Néanmoins, si le créancier saisissant, la partie saisie et tous les créanciers hypothécaires sont d'accord pour qu'il soit procédé à l'adjudication par saisie, à la folle-enchère, à la licitation d'un immeuble, la procédure suivra son cours, et le consentement de toutes les parties sera constaté, soit par le jugement de publication, soit par le jugement d'adjudication.

Art. 4. — En matière de biens de faillite après union, les Tribunaux pourront ordonner le sursis à la vente sur la demande, soit de tout créancier hypothécaire, soit de tout créancier chirographaire, pourvu que sa créance ait été vérifiée et admise, soit même du failli.

Art. 5. — Tous les incidents auxquels donneront lieu les demandes à fin de sursis formées en vertu du présent décret seront instruits et jugés sommairement. Les jugements qui statueront sur lesdites demandes ne seront pas susceptibles d'appel.

14 NOVEMBRE 1870. — **Décret de la Délégation de Tours.** (*Bulletin officiel de la République française* du 16 novembre.)

Pendant la durée de la guerre, la mère veuve qui a son fils ou des fils sous les drapeaux, la femme dont le mari est sous les drapeaux, la mère veuve qui a perdu un de ses enfants au service de la patrie, la femme dont le mari a succombé en combattant ou par suite de ses blessures, ne peuvent être soumises à aucun acte de poursuite pour paiement, soit des dettes du mari qu'elles auraient cautionnées, soit pour dettes solidaires entre elles et leurs maris, soit pour dettes des enfants dont elles seraient héritières, soit pour leurs propres dettes ; le mobilier garnissant leur habitation, soit qu'il leur appartienne, soit qu'il appartienne au mari ou aux enfants, ne peut être saisi.

§ III.

Matières diverses.

DROIT CIVIL.

11 NOVEMBRE 1870. — **Décret de la Délégation de Tours.** (*Moniteur officiel* du 12 novembre. — *Journal de Rouen* du 13 novembre.)

Art. 1er. — Tant que les communications avec la ville de Paris et le Gouvernement de la Défense nationale ne seront pas rétablies, le *Journal officiel* de la République française ne pouvant pas venir régulièrement dans les départements, la promulgation des lois et des décrets rendus par la Délégation aura lieu dans le *Moniteur universel*, qui remplacera, pour leur publication et leur promulgation, le *Journal officiel* de la République française.

Art. 2. — Tout décret du Gouvernement de la Défense nationale inséré au *Journal officiel* de la République française qui parviendra à Tours sera immédiatement publié dans le *Moniteur universel*. Cette publication, pour tous les arrondissements de France où le *Journal officiel* de la République française ne serait pas parvenu, vaudra la promulgation par ce journal.

23 DÉCEMBRE 1870. — **Décret de la Délégation de Tours.** (*Moniteur officiel* du 25 décembre.)

Article unique. — Pendant la durée de la guerre, si les publications exigées par les articles 63, 64 et 168 du Code civil ne peuvent être faites aux domiciles indiqués par les articles 166, 167, 168, ou s'il n'est pas possible de produire la preuve qu'elles ont eu lieu, la déclaration de cette impossibilité sera faite dans l'acte de mariage par les futurs conjoints et par les personne dont le consentement est requis.

L'acte de notoriété énoncé à l'article 70 pourra être délivré par le juge de paix de la résidence de l'un des futurs conjoints.

PROCÉDURE.

28 DÉCEMBRE 1870. — **Décret sur les annonces judiciaires.** (*Moniteur officiel* du 31 décembre.)

Article unique. — Provisoirement et jusqu'à ce qu'il en ait été autrement ordonné, les annonces judiciaires et légales pourront être insérées au choix des parties dans l'un des journaux publiés en langue française dans le département. Néanmoins, toutes les annonces judiciaires relatives à une même procédure de vente seront insérées dans le même journal.

DROIT COMMERCIAL.

7 SEPTEMBRE 1870. — **Décret sur les suspensions ou cessations de paiement survenues depuis le 10 juillet 1870, ou qui surviendront pendant la durée de la guerre et pendant le mois qui suivra les hostilités.** (*Journal officiel* du 8 septembre.)

. . . .

Art. 2. — Les cessations ou suspensions de paiement ci-dessus désignées ne recevront la qualification de faillite que dans le cas où le Tribunal refuserait d'homologuer le concordat, ou, en l'homologuant, ne déclarerait pas le débiteur affranchi de la qualification de failli.

Art. 3. — Le Tribunal de commerce aura la faculté, si un arrangement amiable est déjà consenti entre le débiteur et la moitié en nombre de ses créanciers, représentant les trois quarts en somme, de dispenser le débiteur de l'apposition des scellés et de l'inventaire judiciaire.

. . . .

Art. 5. — Les articles 2 et 3 ne pourront être appliqués ni aux débiteurs qui n'auront pas déposé leur bilan, conformément à la loi, ni aux suspensions ou cessations de paiement qui auraient des causes antérieures à la guerre (1).

INSTRUCTION CRIMINELLE.

19 NOVEMBRE 1870. — **Décret de la Délégation de Tours.** (*Moniteur officiel* du 22 novembre.)

Le Gouvernement de la Défense nationale,

Considérant que le cours de la justice criminelle est interrompu dans les circonscriptions judiciaires, civiles ou militaires, dont les chefs-lieux sont envahis par l'ennemi, et dont les parquets ne peuvent procéder régulièrement aux actes d'information de saisie et d'arrestation prescrits par la loi,

Décrète :

Art. 1er. — Pendant la durée de la guerre, lorsqu'un crime ou un délit prévu par les lois pénales, ordinaires ou militaires, aura été commis dans un arrondissement civil ou une circonscription militaire dont le chef-lieu est envahi par l'ennemi, ou simplement investi, et dont les parquets civils ou militaires ne peuvent plus remplir leurs fonctions, les officiers ou agents de la police locale pourront transmettre leurs procès-verbaux et conduire le délinquant devant les autorités civiles ou militaires de l'un des arrondissements libres les plus voisins.

. . . .

(1) Ce décret ne peut pas être invoqué par le débiteur failli qui prétendrait, ou contre lequel il serait jugé que la cessation de paiements remonte à la période de temps prévue par le décret du 7 septembre, puisque le failli aurait contrevenu à l'article 5 en ne déposant pas son bilan.

25 octobre 1870. — **Décret de la Délégation de Tours sur l'organisation temporaire de la Cour de Cassation.** (*Journal de Rouen* du 30 octobre.)

(Il nous a semblé qu'il suffisait de donner l'indication de ce décret purement transitoire.)

DROIT PÉNAL.

7 septembre 1870. — **Décret du Gouvernement de la Défense nationale.** (*Journal officiel* du 8 septembre.)

. . . .

En matière de délits ou contraventions relatifs à la pêche fluviale ou maritime ou à la grande voirie, les administrations de la marine ou des ponts et chaussées, représentées par les ministres ou les agents par eux désignés, auront respectivement le droit de transiger avec les justiciables des Tribunaux ordinaires ou des Conseils de préfecture, dans les conditions prévues pour les délits forestiers par la loi du 18 juin 1859 et le règlement d'administration publique du 21 décembre 1859 (1).

27 octobre 1870. — **Décret de la Délégation de Tours.** (*Nouvelliste de Rouen* du 31 octobre.)

Les membres de la Délégation,

Considérant que le jury est le juge naturel des délits politiques et des délits de presse,

---

(1) Le droit de transaction n'appartenait, jusqu'à présent, qu'aux administrations suivantes : douanes, contributions indirectes et octrois, postes et administration des forêts.— Voir, sur l'étendue du droit de transiger accordé à l'administration forestière, divers arrêts, notamment un arrêt de Cassation, en date du 24 décembre 1868, *J. du Pal.*, 1869, p. 180, et un arrêt de Caen, du 7 avril 1869, p. 598. — La jurisprudence de ces arrêts doit être appliquée aux administrations des ponts et chaussées et de la marine.

Décrètent :

Art. 1er. — La connaissance de tous les délits politiques et de tous les délits commis par la voie de la presse appartient exclusivement au jury.

Néanmoins, les délits d'injures et de diffamations envers les particuliers continueront provisoirement à être jugés par les Tribunaux correctionnels.

Art. 2. — Le jury statue seul sur les dommages-intérêts réclamés pour faits de délits de presse.

....

27 NOVEMBRE 1870. — **Décret du Gouvernement de la Défense nationale.** (*Moniteur officiel* du 30 novembre.)

Le Gouvernement de la Défense nationale,

Considérant, etc.,

Décrète :

Les trois derniers paragraphes de l'article 463 du Code pénal sont abrogés et remplacés par les dispositions suivantes :

Dans tous les cas où la peine de l'emprisonnement et celle de l'amende sont prononcées par le Code pénal, si les circonstances paraissent atténuantes, les Tribunaux correctionnels sont autorisés, même au cas de récidive, à réduire l'emprisonnement même au-dessous de six jours, et l'amende même au-dessous de 16 fr. ; il pourront aussi prononcer séparément l'une ou l'autre de ces peines, et même substituer l'amende à l'emprisonnement, sans qu'en aucun cas, elle puisse être au-dessous des peines de simple police.

§ IV.

Matières diverses (suite).

14 AOUT 1870. — **Loi relative aux notaires, officiers ministériels, etc., appelés sous les drapeaux et autorisés à se faire suppléer dans leurs offices.** (*Journal officiel* du 15 août.)

Art. 1er. — ....

Les titulaires seront responsables des faits de charge de leurs suppléants, et leurs cautionnements y seront affectés.

....

5 SEPTEMBRE 1870. — **Décret du Gouvernement de la Défense nationale.** (*Journal officiel* du 5 septembre.)

La fabrication, le commerce et la vente des armes sont absolument libres.

6 SEPTEMBRE 1870. — **Décret du Gouvernement de la Défense nationale.** (*Journal officiel* du 6 septembre.)

L'impôt du timbre sur les journaux ou autres publications est aboli.

19 SEPTEMBRE 1870. — **Décret du Gouvernement de la Défense nationale.** (*Nouvelliste de Rouen* du 26 septembre.)

Art. 1er. — L'article 75 de la Constitution de l'an VIII est abrogé.

Sont également abrogées toutes autres dispositions des lois générales ou spéciales ayant pour objet d'entraver des poursuites contre des fonctionnaires publics.

....

15 OCTOBRE 1870. — **Décret concernant la nomination des syndics dans les compagnies d'huissiers.** (*Moniteur officiel* du 16 octobre. — *Nouvelliste de Rouen* du 17 octobre.)

Art. 1er. — Les articles 55, § 1er, et 56 du décret du 14 juin 1813 sont abrogés.

Art. 2. — Les membres composant la chambre de discipline des compagnies d'huissiers nomment entre eux, au scrutin et à la majorité absolue, leur syndic, qui peut être réélu.

En cas de partage de voix, le scrutin est recommencé, et, si le résultat est le même, le plus âgé des deux membres qui sont l'objet de ce partage est nommé de droit.

16 OCTOBRE 1870. — **Décret de la Délégation de Tours.** (*Moniteur officiel* du 18 novembre. — *Nouvelliste de Rouen* du 21 octobre.)

Décidant qu'à l'avenir tous les journaux ou écrits périodiques, de quelque matière qu'ils traitent, recouvrent le droit de se faire transporter par les voies qu'ils jugent convenables, à la seule condition de les expédier conformément à l'arrêté du 27 prairial an IX, par ballots ou paquets de 1 kilogramme au minimum.

§ V.

Finances.

12 AOUT 1870. — **Loi relative au cours légal des billets de la Banque de France.** (*Journal officiel* du 13 août.)

Art. 1er. — A partir du jour de la promulgation de la présente loi, les billets de la Banque de France seront reçus comme monnaie légale par les caisses publiques et par les particuliers.

Art. 2. — Jusqu'à nouvel ordre, la Banque est dispensée de l'obligation de rembourser ses billets avec des espèces.

Art. 3. — En aucun cas, le chiffre des émissions de la Banque et de ses succursales ne pourra dépasser 1 milliard 800 millions.

....

Art. 5. — Les coupures des billets pourront être reduites à 25 fr.

14 AOUT 1870. — **Loi qui élève à 2 milliards 400 millions le chiffre des émissions des billets de la Banque de France et de ses succursales.** (*Journal officiel* du 15 août.)

17 SEPTEMBRE 1870. — **Décret autorisant le remboursement des fonds déposés à la Caisse d'épargne.** (*Journal officiel* du 18 septembre.)

Les fonds seront remboursés de la manière suivante :

50 p. 100 en espèces,

Le surplus en bons du Trésor, à trois mois d'échéance et portant intérêt du jour de la demande.

6 DÉCEMBRE 1870. — **Décret de la Délégation de Tours.** (*Moniteur officiel* du 8 décembre.)

Vu les décrets des 12 et 16 septembre 1870 ;

Vu les lois des 18 juillet 1837, 7 août 1851 et 24 juillet 1867 :

Art. 1er. — Dans les départements envahis par l'ennemi, et lorsque toute communication avec la localité où réside le préfet aura été reconnue impossible, les délibérations portant ouverture du crédit, prises par les conseils municipaux ou les commissions administratives des hospices et des bureaux de bienfaisance, seront exécutoires sans l'approbation de l'autorité supérieure.

Toutes les pièces justificatives de dépenses seront réputées valables lorsqu'elles auront été visées par les maires.

Les maires pourront user du droit de réquisition, conféré aux ordonnateurs par l'article 91 du décret du 31 mai 1862.

. . . .

§ VI.

Garde nationale.

12 AOUT 1870. — **Loi sur la garde nationale.** (*Journal officiel* du 13 août.)

Art. 1er. — La garde nationale est rétablie dans tous les départements.

Art. 2. — Il sera procédé immédiatement à sa réorganisation, conformément aux dispositions de la loi des 8 avril, 22 mai et 13 juin 1851.

. . . .

Art. 4. — Les gardes nationaux blessés dans l'accomplissement de leur service, leurs veuves et leurs enfants auront droit aux secours et récompenses déterminés par les lois spéciales, votées en faveur des soldats de terre et de mer et des bataillons de garde nationale mobile.

. . . .

30 AOUT 1870. — **Loi relative aux forces militaires de la France pendant la guerre.** (*Journal officiel* du 31 août.)

. . . .

Art. 4. — Le crédit de 25 millions destiné à venir en aide aux femmes, enfants ou ascendants des citoyens qui combattent pour la défense du pays, est porté à 50 millions.

Art. 5. — Les lois sur les pensions militaires sont applicables aux gardes nationaux mobiles et sédentaires blessés au service du pays, ainsi qu'aux veuves ou aux enfants de ceux qui sont morts dans des circonstances de guerre.

....

31 OCTOBRE 1870. — **Décret.** (*Moniteur universel* du 26 novembre.)

Article unique. — La France adopte les enfants des citoyens morts pour sa défense.

Elle pourvoira aux besoins de leurs veuves et de leurs familles qui réclameront ce secours de l'Etat (1).

2 OCTOBRE 1870. — **Décret de la Délégation de Tours sur l'établissement de conseils de guerre destinés à juger les crimes et délits militaires.** (*Moniteur officiel* du 3 octobre.)

---

(1) On remarquera la différence qui existe entre les dispositions ci-dessus et celles qui résultent de la législation sur les indemnités pour dommages causés par la guerre. (Voir page 26 et suiv.) Ces dernières sont, en quelque sorte, soumises à l'appréciation gracieuse des pouvoirs publics ; — au contraire, les articles 4 de la loi du 12 août 1870, 5 de la loi du 30 août et l'article unique de la loi du 31 octobre confèrent aux personnes qui y sont désignées un véritable droit de créance contre l'Etat. Le recouvrement de cette créance doit être poursuivi dans la forme administrative, c'est-à-dire par assignation devant le Ministre compétent et recours, s'il y a lieu, devant le Conseil d'Etat.

§ VII.

Législation sur les indemnités pour dommages causés par la guerre (1).

8 juillet 1791. — **Décret concernant la conservation et le classement des places de guerre et postes militaires, la police des fortifications et autres objets y relatifs.** (Duverg., t. III, p. 99.)

. . . .

Art. 36. — Lorsqu'une place sera *en état de guerre*, les inondations qui servent à sa défense ne pourront être tendues ou mises à sec sans un ordre exprès du roi; il en sera de même pour les démolitions des bâtiments ou clôtures qu'il deviendrait nécessaire de détruire pour la défense desdites places, et en général cette disposition sera suivie pour toutes les opérations qui pourraient porter préjudice aux propriétés et jouissances particulières.

. . . .

Art. 38. — Dans les cas prévus par l'article 36 ci-dessus, les particuliers dont les propriétés auront été endommagées seront indemnisées aux frais du Trésor public.

. . . .

11 aout 1792. — **Décret qui règle les indemnités à accorder aux citoyens qui ont perdu, dans le cours de la guerre, tout ou partie de leurs propriétés.** (Duverg., t. IV, p. 351.)

Art. 1er. — Il sera accordé des secours ou des indemnités aux citoyens français qui, pendant la durée de la

(1) Les circonstances dans lesquelles une partie de la France s'est trouvée placée pendant la guerre donne à cette partie de la compilation un triste intérêt d'actualité.

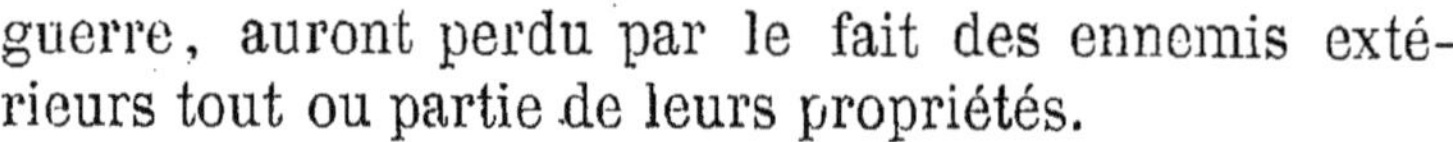

guerre, auront perdu par le fait des ennemis extérieurs tout ou partie de leurs propriétés.

. . . .

Art. 4.— Les citoyens dont les propriétés auront été dévastées présenteront à la municipalité du lieu un mémoire détaillé et estimatif des pertes qu'ils auraient éprouvées. Ils y joindront un extrait certifié de leur cote d'imposition au rôle des contributions foncière et mobilière.

Art. 5-6. — (La municipalité constate les dommages dans la huitaine; — les procès-verbaux passent successivement dans les mains des conseils de district et des directions du département; le ministre de l'intérieur les met de suite sous les yeux du Corps législatif.)

. . . .

Art. 9. — L'Assemblée Nationale pourra seule déterminer, sur le vu des procès-verbaux et autres pièces, et d'après un rapport, la nature et la quotité des secours et indemnités.

Art. 10. — Les secours et indemnités seront proportionnés à la fortune qui reste aux citoyens après la dévastation, à leurs besoins et aux pertes qu'ils auront éprouvées.

. . . .

Art. 14. — Les citoyens revêtus d'une fonction publique et ceux qui portent actuellement les armes pour le service de la patrie recevront toujours une indemnité égale aux pertes qu'ils auront souffertes dans leurs propriétés.

. . . .

16 MESSIDOR, AN II (4 JUILLET 1794). — **Décret portant qu'aucune indemnité définitive sur les pertes éprouvées par l'invasion des ennemis ne sera acquittée qu'en vertu d'un décret.** (Duverg., t. VII, p. 159.)

Art. 1er. — Aucune indemnité définitive sur les pertes éprouvées par l'invasion et le ravage des ennemis ne sera acquittée qu'en vertu d'un décret rendu d'après l'examen que les comités des secours publics et de finances auront fait du travail de la commission des secours, sur les procès-verbaux et rôles d'évaluation desdites pertes (1).

(1) Les documents législatifs que nous venons de reproduire sont considérés comme étant encore en vigueur. En conséquence, on décide unanimement que le droit à l'indemnité constitue une créance d'une nature toute particulière, soumise à la souveraine appréciation des pouvoirs publics. Ceux-ci peuvent donc, à leur gré, en déterminer la quotité et le mode de paiement; ils peuvent même refuser toute espèce de secours au citoyen qui a souffert le dommage, sans que celui-ci ait le droit d'exercer aucune action en paiement, et sans qu'il puisse même se pourvoir, par la voie contentieuse, contre la décision ministérielle qui le préjudicierait.

TABLE DES MATIÈRES

AVERTISSEMENT.. 3

§ I. — EFFETS DE COMMERCE.

Loi du 13 août 1870.. 5
Décret du Gouvernement de la Défense nationale du 11 septembre. 5
Décret du 11 octobre.. 6
Décret du 13 octobre.. 6
Décret de la Délégation de Tours du 3 octobre 1870.............. 7
Décret du 5 novembre.. 7
Décret du 14 novembre.. 8
Décret du 8 janvier 1871.. 9
Loi du 11 mars 1871.. 10

§ II. — PRESCRIPTIONS, PÉREMPTIONS, SUSPENSIONS DE POURSUITES ET DÉLAIS DE FAVEUR EN MATIÈRE CIVILE OU ADMINISTRATIVE.

7 Septembre 1870. — Application de l'article 1244, § 2, du Code civil aux locataires.. 12
9 Septembre. — Décret sur les prescriptions et péremptions en matière civile.. 12
3 Octobre. — Extension et interprétation du décret précédent.... 13
2 Novembre. — Sursis à poursuites immobilières.............. 14
14 Novembre. — Délais en faveur des mères, femmes ou veuves de militaires.. 15

§ III. — MATIÈRES DIVERSES.

Droit civil.

11 Novembre 1870. — Promulgation des Décrets................ 16

23 Décembre. — Publications de mariage........................ 16

Procédure.

28 Décembre. — Annonces judiciaires et légales............... 17

Droit commercial.

7 Septembre. — Décret sur les suspensions ou cessations de paiement.. 17

Instruction criminelle.

19 Novembre. — Compétence spéciale en cas d'investissement ou d'occupation... 18

25 Octobre. — Organisation temporaire de la Chambre criminelle de la Cour de Cassation.................................. 19

Droit pénal.

7 Septembre. — Transaction des délits de pêche et de grande voirie... 19

27 Octobre. — Des délits politiques et de presse............... 19

27 Novembre. — Modification de l'article 463 du Code pénal...... 20

§ IV. — MATIÈRES DIVERSES *(suite)*.

14 Août 1870. — Loi relative aux officiers ministériels appelés sous les drapeaux... 21

5 Septembre. — Armes de guerre................................ 21

6 Septembre. — Abolition de l'impôt du timbre sur les journaux.. 21

19 Septembre. — Abrogation de l'article 75 de la Constitution de l'an VIII.. 21

15 Octobre. — Nomination des syndics d'huissiers............... 22

16 Octobre. — Transport des journaux par la poste.............. 22

§ V. — FINANCES.

12 Août 1870. — Cours légal des billets de la Banque de France.. 22

14 Août. — Émission de billets de Banque....................... 23

17 Septembre. — Caisses d'épargne.............................. 23

6 Décembre. — Crédits municipaux dans les départements envahis. 23

§ VI. — GARDE NATIONALE. — VEUVES, ENFANTS DE GARDES NATIONAUX.

Loi du 12 août 1870 24
Loi du 30 août.......... 24
Décret du 31 octobre.......... 25
Décret du 2 octobre établissant des conseils de guerre.......... 25

§ VII. — LÉGISLATION SUR LES INDEMNITÉS POUR DOMMAGES CAUSÉS PAR LA GUERRE.

Décret du 8 juillet 1791 26
Décret du 11 août 1792.......... 26
Décret du 4 juillet 1794.......... 28

ROUEN. — IMP. DE D. BRIÈRE ET FILS, RUE SAINT-LÔ, N° 7.

www.ingramcontent.com/pod-product-compliance
Ingram Content Group UK Ltd.
Pitfield, Milton Keynes, MK11 3LW, UK
UKHW020403250726
13967UKWH00005B/2454